LES
EAUX MINÉRALES
DE
MARTIGNY-LES-BAINS
ALCALINES
LITHINÉES
FERRUGINEUSES & MAGNÉSIENNES

GOUTTE - GRAVELLE

ESSAI MÉDICAL

SUR LES

EAUX MINÉRALES NATURELLES

de

MARTIGNY-LES-BAINS

(Vosges)

OUVRAGES DE L'AUTEUR

Etude sur Esquirol, Paris, 1873.

Questions d'avenir : Des causes de la dépopulation des campagnes; Considérations d'hygiène. Gray, 1876.

Causerie médicale sur le café, Petit médecin des familles.

Aperçu sur quelques Eaux alcalines françaises. Paris, 1886.

MARTIGNY-LES-BAINS

CLIMATOLOGIE

MARTIGNY-LES-BAINS, coquet village des Vosges, bâti sur une éminence à 366 mètres d'altitude, près de Lamarche, non loin de Vittel, entre Contrexéville et Bourbonne-les-Bains, présente une situation des plus avantageuses pour une Station Minérale. En effet, le charmant paysage qui l'entoure, la pittoresque vallée du Mouzon qui conduit de là à Neufchâteau, et les nombreux sites que l'on peut visiter sans fatigue ne tarderont pas à en faire un séjour aimé des baigneurs, un lieu d'élection pour les personnes qui cherchent remède à leurs souffrances ou diversion aux choses de la vie [1].

Depuis 1872, la prédiction du savant professeur de Nancy s'est réalisée : Martigny est devenu une station minérale avec son établissement d'un goût exquis, son parc magnifique, ses amusements et par-dessus tout ses cures, qu'on peut mettre en parallèle avec celles de Contrexéville et Vittel, stations voisines et isomères. Je laisse à plus autorisé que moi le soin de décrire tout ce qu'il y a de pittoresque dans ce petit coin des Vosges, si riche en curiosités naturelles aussi bien qu'en sources minérales ; le buveur soucieux de sa santé autant qu'amateur de ce qui peut récréer son esprit trouvera à Martigny toutes ces petites récréations qui sont recherchées comme antithèse du brouhaha des grandes villes : jeux, promenades, théâtre, musique, rien n'y manque. J'ajoute, au désespoir peut-être du médecin, que les hôtels et leurs artistes culinaires émérites y sont à ce point estimés, que nombre de buveurs Contrexévillois se plaisent à venir chaque jour rendre une visite intéressée à la splendide salle à manger du Grand Hôtel de l'Établissement.

La vallée du Mouzon, au centre de laquelle est construit Martigny court du nord au sud ; elle n'est pas encaissée comme sa voisine, la vallée du Vair ; elle est élevée en ce point à 366 mètres au-dessus du

---

[1] JACQUEMIN, *Analyse des Eaux de Martigny-les-Bains.*

niveau des mers, et forme un véritable plateau évasé, bien aéré, garanti de toutes parts contre les vents et les variations trop brusques de la température par la chaîne des Monts Faucilles. Ces collines, pour la plupart à pente douce, ont leurs versants couverts de vignobles, de riches cultures, et leurs sommets revêtus de plantureuses forêts de chênes alternant agréablement avec les premiers sapins [1]. Ce sont de charmants buts de promenade.

LES SOURCES

Elles sont aujourd'hui au nombre de trois, désignées par des numéros d'ordre, sauf peut-être la source n° 3, que l'on nomme aussi la *Savonneuse*.

Martigny ne se targue pas de dater des Romains, et ne peut mettre à son actif ni la cure d'un César quelconque, ni les *ex-votos* de quelque Lucilius reconnaissant. Ses sources toutes plébéiennes ont cependant leur histoire : elles se sont contentées de temps immémorial, sous le nom générique de *Fontaine au fer*, de guérir ceux de leurs voisins qui venaient leur demander grâce pour leurs « élodures » [2]. Patissier et Boutron-Charlard (*Manuel des Eaux Minérales*) Paris, 1847, donnent une mention à Martigny ; une première analyse de l'eau de la *fontaine au fer* faite par Colard, de Martigny, parut en 1829, dans le *Journal de Chimie Médicale*. Il n'était rien resté de ces premières données. Ce n'est qu'en 1859 qu'une société confia l'analyse quasi officielle de l'eau minérale à M. Ossian Henry, qui y révéla les mêmes éléments chimiques que ceux contenus dans les sources voisines de Contrexéville et de Vittel, avec des variantes insignifiantes ; il n'existait alors qu'une seule source composée des deux sources actuelles : n° 1 et n° 2. Un arrêté ministériel du 20 avril 1859 en autorisait l'exploitation, et un décret intervenait peu après la déclarant d'intérêt public.

Analyse d'Ossian Henry.
Pour 1000 grammes

	grammes
Acide carbonique libre	Indices.
Bicarbonate de chaux	0.156
» de magnésie	0.170
» de soude	très peu.

[1] Buez.
[2] Mot employé dans les Vosges pour désigner les rhumatismes sacro-lombaire et sciatique.

Sulfates calculés à l'état anhydre.	de chaux...	1.420
	de magnésie.	0.330
	de soude...	0.230
Chlorure de sodium................		0.110
» de potassium.............		0.010
Sesquioxyde de fer (crénate en partie) silice, phosphate terreux, principe arsénical, matière organique de l'humus................		0.170
		2.596

Après diverses péripéties qui sortent du cadre de notre Etude, une nouvelle Société devint propriétaire de l'Établissement, de nouveaux captages furent entrepris en 1868 et exécutés ; les deux sources furent distinctes comme elles le sont aujourd'hui, à la distance de 5 à 6 mètres l'une de l'autre, sans que, malgré leur voisinage, il y ait à craindre d'infiltration réciproque.

Une nouvelle analyse fut demandée en 1869 à M. le Docteur Jacquemin, directeur de l'École supérieure de Pharmacie de Nancy, Membre correspondant de l'Académie de Médecine, qui, dans un rapport éminemment savant, sut assigner aux sources de Martigny le rang qui leur est dû parmi les Sulfatées calciques, lithinées, ferrugineuses.

Les sources n° 1 et n° 2 émergent à la surface du sol, à l'endroit même où elles sourdent, et remplissent deux vasques circulaires dont les parois sont tapissées d'un dépôt ocracé, tomenteux, principalement composé de matières ferrugineuses devenues insolubles au contact de l'oxygène atmosphérique, et de conferves particulières aux eaux ferrugineuses. Le tout est recouvert d'un pavillon élégant et spacieux, d'un style architectural à la hauteur des exigences du goût présent.

Elles laissent écouler par jour 190,000 litres d'eau limpide, offrant une température invariable de 12°. Sa densité est 1,055 ; elle n'a aucune action sur la teinture de tournesol, et verdit le sirop de violettes.

Quand ces eaux sont exposées quelque temps à l'air, elles se recouvrent d'une mince pellicule opaline, à reflets irisés, et laissent déposer des flocons ténus de teinte jaune ocracée. L'eau des deux Sources mousse légèrement dans le verre qui la reçoit ; elle donne l'odeur styptique du fer ; au goût elle est piquante et quelque peu atramentaire. Conservée en bouteilles bien rincées et bouchées avec soin, elle ne s'altère pas, à moins que quelques parcelles organiques n'entrent dans la bouteille au moment du bouchage, ce qui produit inévitablement un dégagement de gaz sulfhydrique reconnaissable à son odeur ; accident d'ailleurs très rare et tout fortuit.

Analyse révisée en 1888 par M. le professeur Jacquemin.

Sur 1000 grammes d'eau :		*Source n° 1*	*Source n° 2*
Acide carbonique libre.		traces	traces
Bicarbonates (calculés avec la formule $CHMO^3$)	de soude. . . .	0.0160	0.0120
	de magnésie . .	0.1750	0.1800
	de chaux. . . .	0.1620	0.1580
	de **lithine**. . .	0.0320	0.0190
	de fer.	0.0090	0.0310
Sulfates calculés à l'état anhydre.	de soude. . . .	0.2290	0.2360
	de magnésie . .	0.3300	0.3340
	de chaux. . . .	1.4240	1.4400
Chlorure de sodium		0.0950	0.1050
» de potassium		0.0120	0.0140
Phosphate de chaux		0.0028	0.0019
Silicate de chaux.		0.0029	0.0014
» de soude.		0.0532	0.0456
Traces de fluorure d'arséniate de chaux, de borate de soude, de manganèse alumine, matière organique		0.1141	0.0681
Total		2.6570	2.6460

La Source n° 3, dite aussi la *Savonneuse*, est au nord des deux premières à 100 mètres environ de distance. Son débit est si considérabe qu'on pourrait utiliser comme force motrice le ruisseau qui en sort et alimente à quelques mètres du point d'émergence un véritable lac. Elle présente, dit M. le Professeur Jacquemin, une importance spéciale qui attirera sur elle l'attention du monde médical.

L'eau qui s'en écoule tient en suspension une matière blanchâtre d'une extrême ténuité, en grande partie composée de glairine et d'argile qui la rend un peu trouble tout en lui donnant une teinte légèrement azurée, lorsqu'on la considère en grande masse, et qui nuit à sa transparence quand on l'examine dans un vase de verre. Vient-on à brasser cette eau à la main, à la palper des doigts, on perçoit une sensation particulière, veloutée, en quelque sorte onctueuse ou savonneuse. C'est ce caractère, aussi bien que la propriété qu'elle a de déterger le linge qui lui ont valu dans le pays son nom de savonneuse .

[1] JACQUEMIN, *loc. cit.*

L'eau, dont la saveur est douceâtre, est moyennement minéralisée.

Analyse

		pour 1000 grammes
Acide carbonique libre		faible proportion.
Bicarbonates calculés avec la formule $CHMO^3$	de soude	0.087
	de magnésie. . .	0.098
	de chaux	0.231
Sulfates calculés à l'état anhydre.	de soude	0.023
	de magnésie. . .	0.162
	de chaux	0.801
Chlorures.	de sodium . . .	0.056
	de potassium . .	0.006
Silice, alumine, oxyde de fer, phosphate terreux, glairine, matières organiques		0.098
	Total. . .	1.562

Elle sert, comme les deux premières et conjointement avec elles aux bains et aux douches, quand il faut donner aux uns et aux autres une action spéciale sur les manifestations névropathiques qui sont si souvent l'apanage de la constitution goutteuse. C'est à ce point que l'éminent professeur qui, le premier, en a analysé l'eau n'hésite pas à signaler tout spécialement aux médecins ses propriétés névrosthéniques en appelant la *Source Savonneuse* de Martigny le *Schlangenbad français*.

D'après les analyses données ci-dessus, on reconnaît de prime abord, ainsi que je le disais, que, sauf quelques variantes importantes, et certaines restrictions nécessaires, les sources de Martigny sont isomères de celles de Contrexéville et de Vittel. Emergeant comme elles des couches profondes du Muschelkalk, elles ont pour principes minéralisateurs primordiaux les sels de chaux, auxquels s'adjoignent ceux de soude et de magnésie à l'état de sulfates et de carbonates, et ceux de fer. Ces éléments minéralisateurs se combinent naturellement dans une proportionnalité extrêmement avantageuse pour l'action pharmacodynamique des eaux de Martigny ; mais ce qui les différencie de leurs voisines et leur donne sur elles un avantage réel, c'est l'existence de deux agents chimiques dont la valeur thérapeutique et curative est établie par des faits irréfutables : la Lithine, lithontriptique puissant, remède presque certain à opposer à l'uricémie, (goutte, gravelle) en général à la diathèse arthristique ; le silicate de soude dont les propriétés diurétiques grâce à sa qualité de substance éminemment dialysable ne sont plus à étudier.

ANALYSE comparative de l'eau de **MARTIGNY-LES-BAINS** *(Vosges) et des eaux similaires.*

ÉLÉMENTS CHIMIQUES	MARTIGNY Source n° 1	Vittel grande source	Contrexéville. - S^{ce} du pavillon	MARTIGNY Source n° 2	Chatel-Guyon S^{ce} Verrière.	Royat. Grande source.	Kissingen Rakoczy	Carlsbad. Couronne de Russie.	Baden-Baden Fotquelle.
Acide carbonique libre	traces	faib. quant.	0.080	traces	0.519	0.645	4.4608	1.1249	0.0389
Bicarbonate de soude	0.0160	0.0510	»	0.0120	0.250	1.128	»	1.3074	»
» de potasse	»	»	»	»	»	0.381	»	»	»
» de chaux	0.1620	0.2025	0.402	0.1580	2.368	1.005	1.0000	0.2850	0.1657
» de magnésie	0.1750	0.0737	0.035	0.1800	0.186	0.374	0.0170	0.1190	0.0115
» de protoxyde de fer	0.0090	0.0088	0.007	0.0310	0.014	0.012	0.0315	0.0027	0.0049
» de **Lithine**	0.0320	0.0014	0.004	0.0190	»	»	»	»	»
» de manganèse	traces	»	»	traces	»	traces	»	0.0006	»
Silice	»	»	0.015	»	0.110	0.132	0.0129	0.0070	0.1190
Silicate de soude et de chaux	0.0561	0.0425	»	0.0470	»	»	»	»	»
Alumine	traces	»	»	»	»	traces	»	0.0004	0.0011
Arséniate	traces	0.0420	traces	traces	traces	traces	»	»	»
Chlorure de potassium	0.0120	»	0.006	0.0140	0.130	»	0.2969	»	0.1638
» de sodium	0.0950	0.0903	0.004	0.1020	1.615	1.714	5.823	0.9814	0.1511
» de Lithium	»	»	»	»	0.028	0.035	0.020	0.002	0.3010
» d'ammonium	»	»	»	»	»	»	»	»	0.0050
» de magnésium	»	»	»	»	1.383	»	0.3404	»	0.0082
» de calcium	»	»	»	»	»	»	»	0.0034	»
Sulfate de chaux	1.4240	0.0800	1.165	1.4400	»	»	0.3893	»	0.2036
» de magnésie	0.3900	0.1824	0.236	0.3840	»	»	0.5871	»	»
» de soude	0.2290	0.2461	0.030	0.2300	0.532	0.195	»	2.2770	»
» de potasse	»	»	»	»	»	»	»	0.1570	0.0028
» de strontiane	»	»	»	»	»	»	»	0.0080	»
Fluorures	traces	»	traces	traces	»	»	»	»	»
Phosphate de chaux	0.0028	0.023	»	0.0019	»	»	0.0056	0.0002	0.0028
» de soude	traces	»	»	»	»	0.008	»	»	»
Acide crénique (crénate de fer)	traces	»	»	traces	»	»	»	»	»
Matières organiques	0.1141	»	»	0.0681	traces	»	»	»	»
Nitrate de soude	»	»	»	»	»	»	0.0093	»	»
Bromure de sodium	»	»	»	»	»	»	0.0084	traces	»
Ammoniaque	»	»	»	»	»	»	0.0009	»	»
Borate de soude	traces	»	»	traces	»	»	»	»	»
Totaux des matières dissoutes	2.6570	1.5230	2.384	2.6460	7.165	6.268	8.5944	5.2157	3.1778

LES BAINS

Douches, Massages, Pulvérisations.

Dans une station minérale, dont les eaux froides naturelles ont des propriétés curatives incontestables et incontestées d'ailleurs, en tant qu'*ingesta*, les bains et leurs accessoires ne doivent être qu'un adjuvant à la cure hydro-minérale, mais adjuvant indispensable qui, pour remplir toutes les conditions nécessaires, a besoin d'être créé dans un milieu spécial offrant des garanties d'hygiène et de confort que savent apprécier les malades aussi bien que les médecins.

Rien n'a été négligé à Martigny : à côté d'un paysage aéré, pittoresque, offrant aux malades l'avantage d'un changement de milieu où viennent disparaître les préoccupations et l'excitation des relations du monde, la vie en commun, des habitudes régulières, des distractions calmes et variées, une direction médicale toujours présente concourent sérieusement au but thérapeutique qu'on y poursuit.

Bains, douches, salle de massage, sont institués dans l'aile sud de l'établissement et correspondent avec les chambres du Grand Hôtel par un escalier intérieur, sans qu'il soit besoin aux baigneurs de traverser une cour pour s'y rendre, de s'exposer à l'influence plus ou moins fâcheuse de l'air extérieur et de faire une toilette aussi gênante qu'obligatoire.

Ainsi que je le disais plus haut, les bains tièdes et chauds, munis ou non au gré des baigneurs de fonds de bains, et additionnés suivant les cas et les avis des médecins, de sels de Pennès, de son, de sels alcalins, de sels de Barèges, sont composés d'eau minérale et rendent d'immenses services : qu'il faille développer soit un surcroît de stimulation au moyen des douches, soit une détente du système nerveux, dans les cas si divers de nervosisme qui sont le propre de la constitution rhumatismale et goutteuse autant que du lymphatisme et de la chlorose.

Des douches chaudes, tièdes, froides, à percussion, en pluie, circulaires, ascendantes sont organisées d'après les systèmes les plus nouveaux, dans des salles distinctes pour les deux sexes, avec chauffoirs à air chaud pour les linges de toilette, et pourvues des appareils spéciaux que nécessite la médication compliquée qui est ici toujours utile, quelquefois nécessaire. Un service de massage, créé à l'instar de celui employé à l'établissement de M. le docteur Beni-Barde, 63, rue de Mirosmesnil, à Paris [1], complète l'établissement des bains, et se recommande aux goutteux auxquels la marche et l'exercice sont impossibles, et dont l'état des articulations réclame l'exécution raisonnée de certains mouvements passifs. A tout cet ordonnancement ne comportant que bien peu de desiderata, ajoutons les pulvérisations de l'Eau de la *Savonneuse*, dans les dermatoses de nature goutteuse, qui apportent à la médication hydro-thérapique de Martigny un complément utile dans le traitement des éruptions, dites couperose de la face, si fréquentes chez les arthritiques.

EFFETS PHYSIOLOGIQUES DES EAUX DE MARTIGNY

Le cadre nosologique, dans lequel doit se maintenir le médecin exerçant aux Eaux de Martigny, est nettement déterminé par les données de la chimie biologique, et les indications thérapeutiques de ces eaux ne peuvent être que celles de leurs composés.

Ces substances minérales se rapportent aux composés qu'engendrent cinq bases : Lithine, soude, magnésie, chaux, oxyde de fer, combinées avec cinq acides : carbonique, silicique, phosphorique, sulfurique et chlorhydrique.

Lithine — Elle fut découverte en 1817, par Arfwedson, dans un minéral appelé *pétalite*, et ce chimiste lui donna le nom de *lithos*, analogue à la pierre; on la rencontra ensuite dans quelques autres minéraux rares (spodumen, tourmaline apyre, etc.) provenant des mines d'Uttoë en Scandinavie, et qui ne sont que des silicates doubles d'alumine et de lithine. La chimie, par ses infatigables chercheurs, la trouva un peu partout, en petites quantités toutefois : dans l'eau de mer, dans les micas et les feldspaths, la cendre de plusieurs variétés de tabac [2], certaines espèces de fucus, les cendres de la vigne, la lie de vin, le sang humain, les muscles, etc., etc.; mais jusqu'à trente années en deçà, la lithine et ses sels étaient restés une rareté de laboratoire, et ce n'est qu'après les expériences du professeur Ure, du docteur Garrod (de Londres), du docteur Ruef (de Baden), du profes-

---

[1] Nous ne devons passer outre sans remercier M. le docteur Beni Barde de l'amabilité avec laquelle il nous a fait visiter son splendide établissement et mis son personnel à notre disposition.

[2] Liés-Bodard.

seur Charcot, du professeur Stricker (de Berlin), de Lipowitz (de Biswauger), et dans ces derniers temps de M. le professeur Martineau et de M. Trehyou (de Paris) [1] que la lithine est devenue la base du traitement de la gravelle et de la goutte.

Les goutteux sont de même sang et de même race que les graveleux ; ils ne diffèrent qu'en ceci, que les premiers retiennent dans leurs tissus, et plus particulièrement ceux qui avoisinent leurs articulations, les matières viciées dont les seconds se débarrassent par les urines. Ainsi, dans la goutte articulaire aiguë régulière, qui a pour équivalent la gravelle rouge normale, l'acide urique, ici concrété dans le système urinaire et là dans le système articulaire, est l'expression caractéristique du fonctionnement vicieux de l'organisme, en même temps que le générateur des séries accidentelles qui constituent l'attaque goutteuse et la crise néphrétique.

Cet acide a le plus souvent conservé ses caractères propres chez les calculeux, qu'il soit seul ou accompagné de phosphates alcalins ou terreux, mais il est toujours combiné à la soude, à l'état d'urate, quand il existe dans le sang des goutteux, leurs humeurs en général, leurs tophus articulaires plus spécialement [2].

Mis en présence de la lithine absorbée par le sang dans le phénomène de la circulation, l'acide urique ayant plus d'affinité pour elle que pour tout autre base (soude, potasse, etc.), abandonne celle à laquelle il est uni [3], chasse l'acide du chlorure de lithium, et prend sa place en formant avec lui un urate de lithine qui se dissout complètement ; de son côté, l'acide du chlorure remplace l'acide urique et il résulte de cette double décomposition une sorte de chassé-croisé : deux nouveaux sels se forment, qui restent dissous tous les deux, et qui dès lors sont facilement expulsés par les voies naturelles.

J'ajoute, pour ceux de mes lecteurs à qui ces phénomènes de chimie biologique ne sont pas familiers, que ces combinaisons n'ont pas seulement lieu dans les reins et la vessie comme dans une sorte de laboratoire exclusif, mais qu'ils s'opèrent en même temps que les phénomènes vitaux dans la masse du sang, dans tout le système vasculaire où sous l'influence de la dystrophie goutteuse se produit une espèce de stase et de rétention de matières excrémentitielles qui en est la conséquence. Je ne fais que

---

[1] Applications du Benzoate de Lithine.
[2] D' Desnos. *Dictionnaire de Médecine et de Chirurgie pratiques de Jaccoud.*
[3] *Loi* de Berthollet.

citer à l'appui de ces diverses propositions les noms éminents de Parkinson, Gairdner, Ch. Petit, Cruveilhier, Watson, Garrod, qui dans leurs divers travaux ont traité magistralement la question si complexe des diathèses. Pour l'action spéciale dissolvante de la lithine qui nous occupe plus particulièrement, disons cependant que les belles recherches de ce dernier auteur sont des plus concluantes, et qu'elles sont décrites avec un grand luxe de détail dans son ouvrage *The nature and treatment of gout and rhumatic gout;* nous y renvoyons nos lecteurs. Enfin, dans ces derniers temps, M. le docteur Martineau a jeté un nouveau jour sur les effets de la Lithine en les signalant, sans les plus expliquer, dans le traitement du diabète. Nos observations personnelles que nous nous promettons de produire prochainement à la Société d'hydrologie, ne font que corroborer les faits énoncés par le savant médecin de Lourcine, et nous permettent de conclure à une action manifeste de la Lithine, et des Eaux de Martigny en particulier sur le diabète : que la glycosurie soit la conséquence d'une dystrophie asservissant à son joug l'organisme entier, ou qu'elle ne paraisse que comme la répercussion sur le rein de la diathèse goutteuse [1].

Silicate de soude. — Soit conviction scientifique, soit parti pris, malveillant peut-être, à coup sûr malencontreux, nos eaux de Martigny ont eu leurs détracteurs : après leur avoir envié leur lithine, on la leur a niée. Or, n'existât-elle dans la source n° 1 qu'à dose infinitisimale, la Source n° 1, de Martigny-les-Bains, grâce aux silicates qu'elle contient, et à l'heureuse proportionnalité de ses autres éléments constitutifs ne le céderait en rien à ses congénères.

Les travaux de M. Boujean (de Chambéry) ont mis en lumière les propriétés dialytiques de ces sels que les sources de Martigny détiennent aux doses relativement considérables de 5 centigr. 5 par litre, pour la source n° 1, et de 4 centigr. 7 pour la source n° 2. C'est au silicate de soude qui entre pour une bonne part dans leur constitution que les pilules antigoutteuses du docteur Laville ont dû leur réputation. MM. Petrequin et Socquet (de Lyon) enfin ont les premiers étudié et signalé son action dissolvante sur l'acide urique, action plus efficace que celle du bicarbonate de soude, par la raison que l'acide urique rendu par les malades se dissout entièrement dans une solution froide de silicate, tandis que le même acide n'est dissous ni à froid ni à chaud par le bicarbonate alcalin.

[1] Observations, xiv et xv.

Soude, chaux, Magnésie, oxyde de fer. — Nous ne voulons citer que comme mémoire les sels de ces bases, leurs effets thérapeutiques étant trop connus de tous pour que nous voulions rééditer les nombreuses dissertations auxquelles ils ont donné lieu. Passant lestement en revue les principaux, nous dirons que le sulfate de soude, en proportion faible dans les deux sources n° 1 et n° 2, ne peut être que légèrement laxatif en venant en aide au chlorure de sodium, aux sulfates de chaux et de magnésie ; mais quelque légère que paraisse au premier abord la dose de ces éléments chimiques, il est certain qu'ils agissent à doses fractionnées mieux et plus sûrement qu'à doses massives, en accélérant l'excrétion ; favorisant par conséquent l'action de l'oxigène et le phénomène de la combustion, ils rendent le sérum plus dense et la fibrine moins coagulable. Le phosphate de chaux et les sels de fer, à côté de l'action tempérante du manganèse et de l'arsenic, sont des éléments réparateurs reconstituants par excellence, et remplissent l'indication précieuse d'améliorer la dyscrasie sanguine déjà favorablement influencée par les sels que nous venons de citer. Nous insistons spécialement sur les sels de fer qui, dans la source n° 2, existent à l'état de bicarbonates et de crénates à la dose de 5 centigr. 3 par litre, proposition supérieure à celles que possèdent les sources justement réputées de

    Bussang, qui en contient 0^{gr} 017,
    St-Alban,   »   0^{gr} 023,
    Soultzbach,   »   0^{gr} 032.

N'y a-t-il pas pour tout praticien jugeant cet ensemble chimique avec l'esprit intègre du médecin, l'indication sûre du remède qui combat la dénutrition sous toutes ses formes et à quelque partie de l'organisme qu'elle s'attaque ?

LA CURE HYDRO-MINÉRALE A MARTIGNY

Les Eaux de Martigny agissent sur toute l'économie d'une manière qui leur est propre, intime, spécifique, mais qui est toujours en rapport avec les prédispositions du buveur, son tempérament, ses habitudes, les différentes diathèses qui peuvent l'affecter. Cette modeste étude s'adressant aux malades autant qu'aux médecins, il est juste de décrire succinctement aux premiers les impressions organiques qu'ils doivent éprouver dans une cure à notre station.

Au début, les vaisseaux sanguins éprouvent une sorte de tension qui se traduit souvent par une certaine lassitude, par une constriction du cerveau, quelquefois par une ivresse manifeste quoique passagère, toujours par une certaine accélération des mouvements du cœur ; puis une réaction en sens inverse arrive, tout rentre dans l'ordre, le sujet n'en éprouve qu'un surcroît d'activité organique.

Cette excitation vasculaire, écrit V. Baud dans son ouvrage sur les *Eaux sulfatées calciques de Contrexéville*, est plutôt à souhaiter qu'à redouter ; toutefois elle ne peut être bienfaisante qu'à condition de ne pas dépasser certaines limites, et elle exige une surveillance éclairée, pour peu surtout que le malade soit prédisposé aux congestions des organes importants ou aux affections du cœur.

Le système nerveux n'est pas moins intéressé : Si le nouvel arrivé, après trois ou quatre jours de cure, éprouve une excitation dynamique bien marquée, c'est surtout à la fin de la saison, ou après qu'il est revenu à sa manière habituelle de vivre qu'il est sous le coup d'une espèce de réhabilitation organique : tous les plexus semblent avoir besoin d'agir, le sujet est guilleret, dispos ; le cerveau étant dégagé, il éprouve une nécessité de mouvement et de locomotion. Tous les organes ressentent cette résurrection heureuse, et il n'est pas jusqu'aux générateurs qui n'y prennent part, pour se repentir en quelque sorte d'avoir été inactifs sous l'influence de l'ingestion d'une quantité respectable d'eau bienfaisante, qui n'avait eu jusque-là pour effet sur eux que de jeter un froid quelquefois regretté.

Mais c'est l'appareil digestif et l'appareil urinaire qui subissent le plus l'influence des Eaux de Martigny. A ce propos, nous voulons détruire immédiatement cette idée erronée qu'ont les buveurs de notre station, comme d'ailleurs ceux des stations voisines : « L'eau que nous buvons, disent-ils, est purgative. » L'eau de Martigny produit en effet dès le premier ou le deuxième jour des selles diarrhéiques, en plus ou moins grand nombre et l'évacuation de matières biliaires reconnaissables à leur couleur noir verdâtre, à la cuisson qu'elles produisent lors de leur déjection. Ce relâchement, manifeste le matin avant le premier repas, cesse généralement dans la journée, laissant après lui un sentiment de bien-être, et surtout un appétit qui ferait volontiers le désespoir des maîtres d'hôtel ; c'est que ces eaux, prises à la dose maxima de trois à quatre litres, — quelques buveurs fanfarons vont inutilement jusqu'à huit ou neuf — ont un effet endosmotique et purgatif non tout spécial, et si elles produisent des évacuations alvines souvent très copieuses, il faut attribuer cet effet à la quantité d'eau ingérée à une température bien au-dessous de celle du corps autant qu'à sa qualité désobstruante. Ajoutons à l'appui de cette thèse que, loin d'en être affaibli comme après les purgations répétées avec les eaux salines de Birmenstorff ou d'Hunyadi, le buveur de Martigny éprouve un accroissement progressif de forces. Au lieu d'être purgatives, par conséquent affaiblissantes, nos eaux de Martigny sont toni-reconstituantes. Très bien tolérées par l'estomac à cause de leur extrême légèreté, leur facile digestion, elles se transportent rapidement vers les appareils de sécrétions et d'excrétions humorales, obligeant le foie à chasser son surcroît de bile et à débarrasser sa vésicule des calculs qui trop souvent la tapissent, excitant enfin l'appareil urinaire dans des conditions vraiment remarquables. Elles donnent raison enfin à cette règle posée par un maître : « L'eau minérale la plus salutaire est celle qui fait naître des crises spontanées, et qui ne les impose pas quand même par les irrésistibles agressions de ses composés chimiques [1]. »

L'aspect de la partie du parc de Martigny où s'élève le Pavillon des Sources, à six heures du matin, vers le 1er juillet, suffit largement à prouver cette proposition pour ce qui a trait aux organes uro-poiétiques. On ne peut que là se rendre compte de la quantité de liquide ingéré et de la facilité avec laquelle on l'évacue ; dans toutes les allées du parc, dans les promenoirs, on n'entend parler que de verres bus et de graviers rendus, et dans les confidences qui de l'un à l'autre se font, on pourrait surprendre que tel n'a pas sitôt absorbé son premier verre qu'il le doit rendre à la rivière en passant aux vespasiennes. De quart-d'heure en quart-d'heure le buveur emplit et vide son verre; il le fait dix à douze fois dans la matinée, et même plus s'il s'agit d'un insoumis ou d'un enthousiaste, et ce n'est pas moins souvent qu'il est obligé, jusqu'au déjeûner, de rendre visite aux *buen-retiro* improvisés qui s'offrent à lui dans sa promenade préliminaire.

Chez la plupart des sujets, cette action persiste environ une heure après l'ingestion du dernier verre, mais chez certains buveurs, elle ne s'accentue qu'après deux ou trois heures, cas particuliers trop fréquents où le malade ne calcule pas assez avec la digestion de l'eau, et les inconvénients, sinon les dangers que peut avoir un repas copieux pris dans ces conditions anormales.

[1] DESNOS, *loc. cit.*

L'expulsion de l'urine se fait avec la plus grande facilité et une abondance étonnante (OBSERVATIONS VII, VIII ET IX). On ne se douterait guère que, pour être évacuée dans des conditions semblables, l'eau a dû passer par les divers vaisseaux de la circulation sanguine, pour arriver par les canaux spéciaux des reins à la vessie et de là au dehors; chose remarquable, la quantité de liquide rendu surpasse même celle de l'eau ingérée, et ce phénomène tout spécial prouve assez l'action particulière de l'eau sur les organes urinaires, de là les expressions imagées employées par les historiens de nos stations des Vosges qui, sous les noms de lavage, lessivage, irrigation du rein, représentent, dit le docteur Desnos, avec des propriétés électives notamment excitantes sur les tissus secréteurs et contractiles des reins et des voies urinaires, une spécialisation physiologique qui domine la spécialisation thérapeutique de ces eaux.[1]

Telle est la composition chimique, tels sont les effets biologiques des eaux des deux sources n° 1 et n° 2 de Martigny-les-Bains. De là à leurs indications thérapeutiques il n'y a qu'un pas. Nous arrivons au point le plus intéressant de l'histoire médicale de notre station.

APERÇU CLINIQUE SUR LES MALADIES
Traitées aux Eaux de Martigny - les - Bains (Vosges).

GOUTTE

En tête des affections diverses traitées à Martigny, nous plaçons la Goutte sous toutes ses formes, maladie des grands seigneurs, *dominorum morbus*, et des gens d'esprit, disait Sydenham, se consolant ainsi d'en souffrir, ce qui ne l'empêchait pas de chercher partout les moyens de la combattre. Cette étude restreinte ne comporte pas une dissertation tendant à établir si la goutte avec Cullen et Braun a pour cause prochaine un trouble du système nerveux; si, d'après M. Lécorché, ressuscitant l'ancienne théorie de Scudamore, elle est le fait d'une hypernutrition, sorte de pléthore avec atonie des extrémités. Prenant pour guide le savant travail de MM. Jacoud et Labadie-Lagrave

[1] D' DESNOS, *Dictionnaire de Médecine et de Chirurgie pratique.*

Grand Hôtel de Martigny-les-Bains, Salle a Manger et Bains

(Dictionnaire de Médecine et de Chirurgie pratique), nous disons avec ces éminents auteurs : « La goutte est une maladie constitutionnelle souvent héréditaire, caractérisée par une dyscrasie urique et par des attaques de fluxions articulaires spécifiques susceptibles de métastase et de condensation. » Distinguer alors dans cette maladie l'accès et la diathèse, apporter des faits irrécusables établissant la valeur des Eaux lithinées de Martigny-les-Bains dans le traitement et de l'un et de l'autre, tel est le rôle auquel nous devons nous borner, nous gardant avec soin de lancer ici des théories contradictoires qui mettraient en parallèle le plus ou moins de valeur de telles stations hydro-minérales par rapport à la nôtre. Les observations que nous citons à l'acquit de nos eaux ont été prises dans notre pratique particulière et empruntées à la clinique du savant et honoré docteur Buez, notre prédécesseur à Martigny. Nous les offrons à nos lecteurs, nous garant d'une foi aveugle, mais laissant à tous, confrères et clients, le soin d'apprécier l'esprit de conviction absolue qui nous a guidé dans ce travail.

Avant de décrire la goutte, disons un mot des goutteux, et laissons-les peindre par un goutteux lui-même :

« Les goutteux ont, en général, une conformation de corps qui leur est commune. Ils ont presque tous de l'embonpoint ; leur taille le plus souvent est élevée, leur tête est grosse, à quelques exceptions près ; leurs cheveux sont châtains, leur cou court, ils ont la voix grave et forte, la poitrine large et arrondie ; leur peau est blanche, douce au toucher, épaisse et peu velue. Malgré qu'ils aient de l'embonpoint, leurs mains sont sèches et maigres, les articulations en sont saillantes. Les mêmes dispositions se remarquent au pied qui, en outre, est généralement large et court, les genoux sont petits, les coudes saillants, leurs veines sont dilatées, leur chair molle. Dans leur jeunesse ils ont été capables de grands efforts musculaires ; alors ils étaient presque toujours des marcheurs, des sauteurs et des danseurs infatigables. Voilà pour le physique.

Pour le moral. — Ils sont affectueux et bons, mais sujets à des accès d'impatience et de colère qui ont peu de durée. La plupart d'entre eux sont spirituels, capables de tous les travaux de tête, excepté de ceux qui exigent de la suite, une grande attention et de la ténacité. Ils aiment à varier leurs occupations, et le plaisir a pour eux bien souvent plus d'attrait que le travail. Ces dernières remarques souffrent de très nombreuses exceptions. [1] »

La goutte est une dystrophie ; toutes réserves faites de la prédisposition héréditaire ou innée, sa cause immédiate est une hygiène vicieuse qui a pour effet de surcharger l'organisme d'acide urique, produit de la combustion incomplète des matières azotées [2]. Des propositions de Garrod dans le compendium de Reynold [3], il résulte : — que dans cette maladie, l'acide urique sous la forme d'urate de soude existe toujours en proportion anormale dans le sang, aussi bien antérieurement à l'accès que pendant sa durée même ; — que cet excès d'acide urique est une condition nécessaire à la production de l'accès ; — que l'existence d'un dépôt d'urate de soude dans les tissus affectés est un caractère constant de la véritable inflammation goutteuse ; — que cet urate de soude doit être considéré comme la cause et non comme l'effet de cette même inflammation ; — que les reins sont affectés vraisemblablement dès la période initiale et que le produit de la sécrétion urinaire est modifiée dans sa composition ; — qu'enfin l'existence du dépôt d'urate de soude dans les parties affectées par l'inflammation est exclusivement propre à la goutte [4].

Tel est à peu près le dernier mot de la science sur la pathogénie de cette affection.

Or, agir sur ces dépôts d'urate de soude chimiquement et mécaniquement, les décomposer pour les rendre plus solubles, pousser violemment vers la circulation périphérique et les reins des liquides qui y fassent affluer ces éléments dialysés ou soumis à une dissolution appréciable sinon complète, tel est le traitement rationnel indiqué ; tel est aussi celui qu'offre aux goutteux l'Eau minérale de Martigny-les-Bains : Lithinée, par conséquent lithontriptique et silicatée, elle est, grâce à ses autres éléments composants, diurétique et évacuante en même temps que tonique à un haut degré. Sans vouloir revenir sur ces effets physiologiques que nous avons suffisamment expliqués plus haut, nous confirmons théoriquement une fois de plus son indication thérapeutique contre la goutte comme un fait absolu et constant.

Avec les auteurs, nous distinguons dans la goutte l'attaque : goutte

---

[1] S. A. TURCK, *Traité de la Goutte et des Maladies goutteuses*, cité par Patézon.
[2] JACCOUD ET LABADIE-LAGRAVE, *loc. cit.*
[3] *System of Medecin.*
[4] Dictionnaire de Médecine et de Chirurgie pratique.

aiguë, normale, régulière, et la diathèse (goutte chronique), mentionnant pour la forme la goutte métastatique, viscérale, mal placée, irrégulière, qui n'est qu'une variété de la goutte primitive. Etudions-les successivement.

L'attaque de goutte aiguë a trois symptômes caractéristiques :

Douleur ;
Suppression de la transpiration cutanée ;
Changement dans la quantité et la qualité de l'urine.

La *douleur* siège ordinairement au niveau de l'articulation métatarso-phalaugienne du gros orteil où elle débute ; mais de là elle gagne rapidement en changeant de place les autres articulations, genou, coude carpe, métacarpe, phalanges des doigts, se portant de l'une à l'autre tout-à-coup, sans crier gare, disparaissant parfois avec non moins de vitesse pour reparaître ensuite et se fixer en un point où elle domine avec des exacerbations régulières. La peau en son lieu d'élection devient brillante, œdématiée, intangible, sinon au prix de douleurs lancinantes extrêmement vives. L'accès débute surtout dans la nuit, s'accompagnant de tension artérielle, même de fièvre quelquefois intense, pour avoir une rémission sur le matin, et reprendre de plus belle le lendemain à peu près aux mêmes heures ; et cet état dure dix ou douze jours environ en moyenne, la souffrance augmentant progressivement jusqu'à la période d'état pour diminuer de même jusqu'à disparition des accidents généraux, et retour à la santé en attendant un nouvel accès.

Le traitement à opposer à ce premier élément nosologique doit être tout à fait symptomatique, et se borner à être aussi calmant que possible.

La *suppression de la transpiration cutanée* est un second fait caractéristique, à ce point que nombre de goutteux sont avertis de l'imminence de l'attaque par un sentiment de sécheresse de la peau, qui d'après quelques-uns semble même parcheminée *(sic)*, de même que la réapparition de la perspiration sudorale est le prélude de la fin de l'accès et de la cessation de la douleur.

Signalons à ce propos l'action diaphorétique des sels de lithine étudiée par le docteur Rueff, de Bade ; les mêmes phénomènes produits par les eaux de Martigny-les-Bains sont à l'encontre de ce symptôme de la goutte une indication précieuse ainsi que le prouvent les Observations n° III et n° IV tirée de l'ouvrage de M. Buez.

La sécrétion urinaire enfin éprouve des modifications importantes *quant* à la quantité *comme* à la qualité de l'urine. La miction devient rare, l'urin tout en conservant sa densité, à la condition qu'elle ne contienne ni sucre ni albumine, et son acidité normale, possède au début de l'accès une plus grande quantité d'urée et moins d'acide urique ; à la période d'état, ces deux éléments se rapprochent de la normale suivant une courbe en sens inverse, ce qui indique presque certainement une détente, puis l'urée diminue encore, l'acide urique augmente, l'urine devient épaisse, la miction copieuse, en même temps qu'une diaphorèse intense se produit, et l'acide urique s'évacue sous forme de sables ou de concrétion rouge brique qui garnissent le fond du vase [1].

L'empâtement des articulations subsiste quelque temps encore avec un sentiment de lassitude générale, et le goutteux reprenant peu à peu ses habitudes, vit avec son ennemie, fait bon ménage avec elle jusqu'à ce qu'un nouvel accès, fâcheux trouble fête, ne vienne mettre la brouille entre les conjoints. La maladie et le malade tournent dans ce cercle vicieux tant qu'une hygiène énergiquement suivie, et le traitement prophylactique que nous indiquons, sous la forme de l'absorption méthodique des Eaux de Martigny-les-Bains aux sources et chez soi, ne prononcent entre les intéressés la séparation de corps en attendant le divorce consommé.

Observation I. — *Personnelle.*

Goutte normale, accès aigu provoqué par l'eau minérale, amélioration dans l'état. — M. F..... (de Gray) m'est adressé à Martigny-les-Bains par un ami, en juin 1887 ; ancien militaire, retraité, âgé de 69 ans, il a toujours « bien vécu » ; haut de taille, maigre, il a le système musculaire quelque peu « guenille ». Il est atteint de goutte régulière depuis six ans environ ; le premier accès est arrivé à la suite d'un refroidissement subit contracté à la pêche ; les suivants reviennent à période fixe, surtout au printemps, durent une quinzaine de jours et disparaissent pour revenir au commencement de l'hiver ; n'a jamais eu de coliques néphrétiques, mais ses urines laissent presque constamment déposer des sédiments rouge briqueté qui disparaissent au moment des accès ; — les pieds sont un peu déformés, des incrustations calcaires, indolores, dures, de la grosseur d'une aveline coupée par moitié existent autour de l'articulation métatarso-phalangienne du gros orteil gauche, moins accusées à droite, les articulations phalangiennes des mains sont empatées, sans douleur.

[1] Observations I et V.

Dès son arrivée à Martigny, il suit le traitement rationnel :

1re Analyse de l'urine :

Densité . . . . . 1020 à + 15°
Urée . . . . . . 13 gr. 24 pour 1000
Acide urique. . . 0,822

Eau en boisson, le matin à jeun, à la dose d'un litre le premier jour ; augmenter progressivement d'un quart de litre chaque jour ; dans la nuit du 5e au 6e jour, M. F..... est pris de mouvement fébrile, le lendemain accès franc de goutte aiguë, s'accusant par des douleurs vives aux poignets et au cou-de-pied droit, urines rares, fièvre, pouls 96. — L'analyse de l'urine donne :

2e Analyse :

Densité 1019
Urée . . . . . . 15 gr. 22
Acide urique. . . 0 gr. 226

J'ordonne sulfate de quinine 0,50 cent. en trois paquets par jour, le matin à midi et le soir, eau de la source n° 1 un litre dans la journée en six fois ; le troisième jour de ce traitement, rémission de la fièvre, pouls 84 ; continuation de l'usage de l'eau et de la demi-diète ordonnée.

3me Analyse :

Densité 1020
Urée. . . . . . . 8 gr. 20
Acide urique. . . 2 gr. 88

Le 5e jour, le 15 juin au soir, diminution de la douleur, émission d'urine sédimenteuse, le mieux s'accentue de jour en jour, et le 20 juin le malade boit 5 verres d'eau le matin, soir un litre deux tiers. La saison continue régulière, sans accroc, et le 27 juin M. F... était dans un excellent état quand il quittait la station.

Le mieux s'est maintenu : le malade n'a pas eu d'accès au commencement de l'hiver de 87 ; il attribue cette amélioration à l'effet de l'eau prise à Martigny, et continuée chez lui en octobre.

Observation II *(du docteur Buez).* — TEXTUELLE.

Goutte régulière, coup de fouet le dix-huitième jour, amélioration. — M. Ch. L... de Paris, frère d'un compositeur célèbre, m'est adressé par mon excellent ami le docteur Thévenet. L'histoire de ce malade est assez intéressante pour que je la raconte au long ; elle servira, du reste d'enseignement.

Il y a trente ans, M. L... ressentit pour la première fois des douleurs rhumatismales vagues ; il eut une première attaque de goutte en

Russie, en 1851 ; une deuxième en 1853 ; il se décida à aller à Bourbon-Lancy en 1856, immédiatement après un accès des plus violents qui l'avait tenu alité un mois ; il fit là une saison fructueuse et dont les résultats furent tels qu'il passa deux années sans éprouver de nouvelle attaque, si bien qu'en 1858 il retourna aux mêmes eaux, en plein cours de santé. Mais en 1860, se trouvant à Étretat, il eut, à la suite de bains de mer prolongés, une attaque des plus aiguës, et depuis ce moment les accès se renouvelèrent à de courts intervalles.

Lorsque je vis M. L.... pour la première fois en mai 1870, à Paris, il était alité de nouveau et pris violemment des pieds et des mains. A peine put-il se lever qu'il m'arriva à Martigny (fin juin 1870).

J'avoue que j'avais une certaine appréhension à entreprendre le traitement hydro-minéral sur un pareil malade ; j'étais trop certain que nos eaux réveilleraient très promptement des crises. Dans son désir et sa hâte d'améliorer son état, il se soumit, malgré moi, à une médication des plus énergiques, et finit par échapper presque complètement à ma surveillance.

Boisson à haute dose, deux séances de douches très chaudes et très longues par jour.

Au bout de huit jours les résultats étaient étonnants, et je commençais à me remettre de mes appréhensions. Le dix-huitième jour toutes les articulations malades étaient devenues flexibles ; l'œdème avait notablement diminué et les douleurs avaient disparu : « Je suis guéri, complètement guéri, » répétait le malade à satiété.

Le 20e jour, survint un accès formidable ; le poignet droit est horriblement pris, et il faut garder le lit.

Je fais continuer la boisson et j'y ajoute même 0,40 et 0,50 centigrammes de carbonate de lithine par jour ; apparaissent alors, en grande abondance, dans les urines, les sables que jusqu'alors j'avais vainement cherchés.

L'accès s'amende assez vite, mais au moment où le malade allait se lever, nouvelle attaque dans le pied droit. — Mêmes prescriptions, mêmes résultats. Le 30e jour, M. L.... s'en retournait à Paris, encore éclopé il est vrai, mais présentant une santé générale satisfaisante........ Depuis janvier 1871, malgré les fatigues d'un grand voyage et un régime surmené, il n'eut aucun accès et il se trouve actuellement réinstallé à Paris, où je le vois très souvent, dans un excellent état de santé.

Quoique nous soyons opposé en principe à l'administration des eaux minérales dans le traitement de la goutte régulière, surtout au moment de l'accès quand le traitement n'est pas déjà commencé, ou que le malade quitte le lit aussitôt après l'accès même, nous donnons ces deux observations comme typiques ; elles prouvent l'action caractéristique des eaux *Lithinées* de Martigny-les-Bains donnant un coup de fouet à la maladie en cours de traitement pour la faire monter à son summum, et l'épuiser pour ainsi dire dans cet effort qui est au-dessus de ses habitudes. Elles nous entraînent aussi à combattre, quelqu'autorisée qu'elle soit, l'opinion de Leroy d'Etiolles qui dit que lors des crises il faut cesser l'usage de l'eau *(Traité de la Gravelle))*. L'indication rationnelle pour nous est non pas de supprimer brusquement le traitement hydro-minéral, mais de le modifier en fractionnant les doses de liquide ingéré. La seule contre-indication est celles de doses massives, de 15 à 18 verres, qui exposent les enthousiastes et les insoumis à des déconvenues cruelles sous forme de métastases toujours dangereuses, souvent mortelles.

La goutte chronique molle, irrégulière, atonique, pour laquelle nous réservons le traitement hydro-minéral en général, et les eaux de Martigny-les-Bains en particulier, n'est que la transformation de la goutte primitivement tonique, régulière. Les accès perdent peu à peu de leur vivacité ; au lieu de cette constriction acre et profonde qu'accompagnaient les symptômes inflammatoires, les malades éprouvent une pesanteur incommode et généralisée, avec quelques exacerbations de douleurs lancinantes sans continuité. Le pied est engourdi, lourd à porter, l'œdème envahit tout le membre. Les choses durent ainsi des semaines, des mois même, sans paroxysmes ; puis le mieux est lent à venir ou se manifeste brusquement.......... Tel est le tableau, un peu sombre sans doute, mais nullement chargé du grand nombre de goutteux qui ont abusé de Vichy. — A ceux-là on ordonnera de préférence des eaux tout à la fois toniques et sédatives [1]. Nous ajoutons celles de Martigny-les-Bains.

Observations III. — GOUTTE CHRONIQUE, DIAPHORÈSE. — *(Dr Buez).*

Mme P..., riche américaine, de complexion un peu forte, a les articulations phalangiennes des mains parsemées de petits cophus très durs, mais qui ne produisent aucune gêne ; du reste, M. le docteur Binet

---

[1] Docteur C. JAMES, *Guide aux Eaux minérales,*

(de Genève), qui lui a conseillé les eaux de Martigny (Vosges), l'a fort étonnée en lui disant que c'était la goutte, car elle n'a jamais ressenti la moindre douleur. Au bout de quelques jours de traitemens à Martigny, elle voit ses urines charrier une grande quantité de sables ; en même temps se déclarent chez elles des sueurs si abondantes qu'il lui sembla être dans un bain de vapeur. — Pendant le cours de la cure, quelques douleurs apparaissent dans les articulations engorgées et dans la région rénale, en même temps qu'il s'établit une légère purgation.

Mme P... se trouvait, suivant son expression, *très remuée*, et n'avait jamais, même à Marienbad, ressenti des effets aussi accentués. Vers la fin du traitement, la sédation s'opérait partout, et les tophus étaient tous ramollis au point de se laisser déprimer comme de simples tumeurs fluctuantes ; beaucoup avaient même diminué sensiblement. Mme P... eut, en cours de saison, plus tôt et plus abondante que d'habitude, sa période cataméniale, ce qui n'empêcha point la continuation du traitement.

Observation IV.

GOUTTE ATONIQUE (HÉRÉDITAIRE), DIAPHORÈSE, AMÉLIORATION. *(Dr Buez).*

M. R... (de Lyon), est très éprouvé depuis 1860 par la goutte héréditaire ; constitution chétive, épuisée, tempérament bilieux. Il est couvert en quelque sorte de nodosités ; un tophus de la main droite s'est ulcéré et secrète sans cesse de la matière crayeuse ; il y a au gros orteil gauche un énorme dépôt dur et lisse qui rend la marche extrêmement pénible, et force M. R... à avoir recours à deux cannes.

C'est en vain qu'il a fait deux saisons à Vichy ; il offre même l'aspect caractéristique des buveurs acharnés d'eau de Vichy, c'est-à-dire la cachexie à un haut degré.

Il se décide à venir à Martigny, après s'être préparé par l'usage de l'eau à domicile, dont, du reste, il se trouvait très bien.

Sous l'influence de la boisson à haute dose et des grands bains, les sables ne tardent pas à apparaître dans les urines ; il y a une détente sensible dans les phénomènes morbides ; le tophus du pied se ramollit manifestement, et l'œdème concomitant diminue d'une manière sensible ; aussi la marche devient-elle plus facile. Malheureusement ce malade ne peut faire qu'une demi-saison. Diaphorèse continue.

Encouragé néanmoins par les résultats obtenus, il revient un mois après faire une deuxième demi-saison ; je n'étais plus à Martigny, et en novembre je lui écrivais pour savoir dans quel état il se trouvait.

« Il est certain, me répondit-il, que je me trouve mieux qu'au mois de juillet, époque à laquelle j'étais, du reste, sous l'influence d'accès récents. Mon état de santé s'est amélioré, mais le tophus du pied qui s'était amélioré sous l'influence du premier traitement est toujours de même ; quoique l'œdème du pied ait diminué, j'ai toujours le pourtour de la cheville enflé, tous les soirs....... Je crois que ma deuxième saison a été trop courte... »

Je pense également que ces résultats insuffisants sont dûs au peu de temps que le malade a pu consacrer à son traitement.

Observation V. — *Personnelle.*

Goutte chronique, héréditaire ; polyurie. — M. B..., de Nantes, 48 ans, constitution apoplectique, genre de vie sédentaire, travaux intellectuels qui prennent tout son temps ; antécédents d'hérédité, mère graveleuse, père rhumatisant ; a eu un premier accès de goutte en février 1871, qui s'est traduit par des douleurs intenses aux deux pieds et à la main droite, et dura douze jours ; a depuis 1875 fait six saisons à Vichy, les deux premières seules avec succès. M. B... a des tophus au gros orteil du pied droit, le coude est rétif à la flexion, les deux pieds œdématiés, la marche pénible. A son arrivée, l'analyse de l'urine n'y révèle ni sucre ni albumine. — Prescriptions : Eau de la Source N° 1 à la dose de six verres de 33 centilitres au début, le matin à jeun, usage de l'eau aux repas, grands bains à 35° tous les jours. Le sixième jour une diaphorèse intense survient avec une légère purgation et une émission d'urine claire, tellement considérable que le malade me disait « avoir pissé quinze litres au moins dans la journée ». Deux jours après une grande quantité de sables rouge brique existait dans l'urine ; l'appétit, presque nul au début, revenait, les pieds diminuaient de volume, plus d'œdème autour des malléoles et au cou-de-pied ; la marche était relativement facile, avec une simple canne comme adjuvant. Le 25e jour, M. B... quittait la station dans un état satisfaisant, se promettant bien d'y revenir pour confirmer sa guérison.

LITHIASE URINAIRE

§ I. — GRAVELLE

La gravelle est à proprement parler la maladie caractérisée par l'existence dans l'urine de concrétions qui se forment dans l'appareil urinaire et s'éliminent par les voies naturelles, sans qu'il soit besoin de recourir à une intervention chirurgicale : c'est en quelque sorte la première phase de la lithiase urinaire dont l'ultime est la présence dans les reins et la vessie des concrétions volumineuses, calculs, pierres, qui ne peuvent disparaître qu'à la suite d'une opération spéciale.

Ces petits corps étrangers qu'on spécifie sous les dénominations de sédiments, sables, graviers, suivant leur volume, sont de nature, de composition et de couleurs diverses, de là les noms vulgaires de gravelle rouge et brune donnés aux dépôts d'acide urique ou d'urate de soude, et de gravelle blanche à ceux d'acide oxalique et d'oxalate, ainsi qu'aux agglomérats de phosphates terreux ou ammoniaco-magnésiens ; les deux premières variétés existent dans les urines acides, la dernière est le propre des urines neutres ou alcalines. La gravelle rouge est de beaucoup la plus fréquente, soit que l'acide urique seul constitue les graviers, soit qu'il se trouve uni à des urates, notamment l'urate de soude, plus rarement à l'urate d'ammoniaque et de chaux ou à l'oxalate de chaux ; la gravelle oxalique vient ensuite par ordre de fréquence, celles de cystine et de xanthine que nous n'avons pas encore citées sont très rares ; quant aux dépôts phosphatiques, on les rencontre surtout dans les calculs et la pierre vésicale, et dans les affections mucopurulentes de la vessie.

Nous avons dit, à propos de la goutte, quels liens de parenté l'unissent à la gravelle. Ces deux sœurs, dont l'une paraît quand l'autre se cache, ont une pathogénie commune. Comme la goutte, la gravelle est une dystrophie, rien de plus ; et les rapports de l'une à l'autre sont tellement intimes, de l'avis de tous les pathologistes, que l'histoire de l'uricémie n'est autre que celle unie de ces deux manifestations morbides qui se succèdent le plus ordinairement, même au point de vue de l'hérédité, et ne peuvent guère exister l'une sans l'autre, la gravelle ouvrant la série des troubles fonctionnels pour faire place ultérieurement à la goutte articulaire et *vice versa*.

Produits de cette dystrophie, dont il ne nous appartient pas de discuter ici la genèse, les concrétions graveleuses se forment dans les reins, produisant de la gêne, de la raideur, de la douleur dans la région lombaire, des douleurs contusives à la nuque [1]. Des reins, les graviers vont à la vessie par les uretères, sortes de thermopyles qu'ils franchissent lestement sans provoquer de douleurs, s'ils sont ténus ou pas trop *muraux*, c'est-à-dire hérissés d'aspérités ; où, dans le cas contraire, ils trahissent trop souvent leur arrêt par des accès terribles de coliques néphrétiques et des pissements de sang, si peu que l'uretère où ils sont engagés offre d'étroitesse, ou se rétrécisse à leur contact douloureux sous l'influence d'une coarctation musculo-nerveuse. De la vessie à l'air extérieur, ils n'ont qu'un saut à faire ; les voies, à moins d'exceptions assez rares, sont assez spacieuses pour qu'ils ne rencontrent que peu ou point d'obstacles.

Que ces produits anormaux dans le sang, dans les canalicules du rein, puis dans les calices et les bassinets, ensuite dans la vessie, soient modifiées dans leur composition par un agent thérapeutique approprié, puis charriés au milieu de tous les infarctus qui se présentent sur leur passage par un flot de liquide contre lequel ils ne peuvent plus résister par leur propre poids, ils seront entraînés au dehors sans que pour ainsi dire l'organisme vicié qui les a créés se soit aperçu de leur production à la lumière.

Pour répondre à cette indication, les avantages de l'Eau de Martigny-les-Bains sont tellement marqués, qu'elle revendique légitimement une des premières places parmi celles employées. Les observations suivantes viennent à l'appui.

Observation VI. — *Personnelle.*

Gravelle urique. — Mme G..., de Saint-Vit (Doubs), âgée de 60 ans, portée à l'obésité, sans antécédents morbides héréditaires connus ; a habité Paris pendant très longtemps, l'a quitté depuis deux ans pour venir à la campagne où elle a des habitudes casanières ; elle se porte généralement bien, n'ayant que quelques douleurs vives et passagères dans les lombes ; un peu mélancolique. Arrive à Martigny le 19 juillet 1887. Analyse de l'urine au préalable : l'urine acide a une densité

---

[1] Ce symptôme important a été signalé le premier par le docteur Patézon, dans son étude sur Vittel.

de 1022 à + 15°, laisse déposer des sédiments rougeâtres recouverts d'un nubeculum floconneux. — Urée 13 gr. 86 pour °°/₀₀, acide urique, 1,82 ; ni albumine, ni glucose ; sous le microscope, cristaux parfaitement réguliers jaune citrin d'acide urique, aucun élément histologique anormal. — Prescriptions : source N° 1 ; les derniers jours de la cure, source N° 2.

La quantité de sables rendus, du 26 juillet au 8 août, est considérable, sous l'influence d'une diurèse marquée, sans aucune douleur *(Voir l'observation suivante).*

Amélioration sensible dans l'état général.

Je n'ai eu aucune nouvelle de cette malade.

Observation VII. — *Personnelle.*

Gravelle urique. — Mme L..., de Paris, 47 ans, m'est adressée par mon éminent confrère, le docteur Labadie-Lagrave, et arrive à Martigny le 30 juillet, affectée, dit-elle, de gravelle avec affaiblissement général. Son grand-père était goutteux, sa grand'mère asthmatique ; depuis dix-huit mois elle a eu cinq accès de coliques néphrétiques ; les bains de mer, l'année dernière, lui ont été plutôt nuisibles ; elle rend continuellement des sédiments rouges dans ses urines. Peu d'appétit, digestion longue et pénible. L'analyse microscopique du dépôt urinaire décèle quelques globules de muco-pus, et des cristaux réguliers et peu colorés d'acide urique ; rien autre chose d'anormal. Sous l'influence du traitement (sources N°s 1 et 2 à parties égales, hydrothérapie externe), une diurèse abondante se produit dès le quatrième jour avec une légère purgation quotidienne. Durant tout le temps de la cure, Mme L... rend beaucoup d'acide urique d'abord rouge orangé, puis à la fin blanc rosé. Une seconde analyse mycroscopique faite le 7 août me montre les cristaux d'acide urique striés sur leurs bords comme en lame de scie, au lieu d'être rectilignes comme au début.

N. B. — N'y a-t-il pas là un phénomène remarquable pouvant prouver la dissolution des graviers et leur effrittement par délitescence sous l'influence de l'eau minérale ? Cette remarque s'applique à l'*Observation VI* précédente ; ce sont les deux seuls cas semblables que j'aie vus cette année, malgré le soin que j'apportais à l'examen microscopique, précisément à cause de cette particularité. Je me promets d'y revenir, étant donnée son importance.

Mme L..., que j'ai revue à Paris, n'a pas eu de coliques néphrétiques depuis sa saison, et se croit guérie radicalement.

Observation VIII. — *Personnelle.*

Gravelle urique, émission considérable de graviers. — M. A..., de Paris, sans aucune maladie ancienne, rend souvent par accès des graviers abondants mêlés à du sable rouge ; c'est de l'acide urique mélangée de quelques parties d'acide oxalique. — M. A... boit de l'Eau de la Source N° 1, à la dose maxima de 14 verres par jour ; il est subitement sous le coup d'une diurèse considérable avec effet purgatif peu accentué. Il m'a remis à son départ, à la fin de la saison, une boîte contenant 14 grammes 20 cent. de graviers récoltés, au milieu de sédiments uriques, dans ses mixtions copieuses, pendant les 20 jours de saison à Martigny, et, chose remarquable, sans qu'il ait éprouvé de douleurs. Les plus gros sont comme des pois à la surface framboisée sans beaucoup d'aspérités ; les plus petits, comme des grains de millet.

Observation IX. — *Dr Buez.*

Je me rappelle, dit mon honorable confrère, l'étonnement, la véritable stupéfaction où était plongé un de mes malades, M. G... (de Dijon), lorsque le lendemain même de son arrivée, il put constater sur lui-même l'effet diurétique marqué des Eaux de Martigny.

D'un âge déjà avancé, de forte complexion, il *traînait*, pour me servir de son expression, une vieille gravelle, et depuis longtemps son urine était boueuse et la miction difficile.

Pendant qu'on procédait à son installation, il but une grande quantité d'eau minérale ; le lendemain matin il me montra triomphalement son vase de nuit rempli d'urines claires et dont le fond était tapissé d'une couche épaisse de sédiment briqueté.

Une demi-saison suffit à ce malade, tant l'effet produit par nos Eaux fut rapide et profond.

Observation X. — *Personnelle.*

M. V..., curé de R..., âgé de 39 ans, arrive à Martigny le 24 juin. De taille moyenne, teint blême, facies ascétique ; les antécédents morbides héréditaires sont nuls ; à l'âge de 20 ans il a été traité pour « myélite dorso-lombaire. » En 1874 coliques néphrétiques, et depuis dépôt de sédiments dans les urines, qui changent de coloration avec les variations de température et sont tantôt claires, rouges, tantôt même noires, couleur marc de café, sans qu'à l'examen spécial je reconnaisse d'affection organique. Il y a deux ans, M. V... a fait une saison à Contrexéville, à la suite de laquelle il a rendu beaucoup d'acide urique, mais il a conservé quand même une débilité générale, des névralgies faciales fréquentes, des lipothymies ; il accuse de temps en temps quelque peu d'anxiété précordiale et des douleurs névralgiques fulgurantes dans les membres ; à l'auscultation du cœur je reconnais un léger souffle se prolongeant au 2e temps que je mets sous la dépendance de la névrose rhumatismale et lymphatique du sujet. Appétit précaire. L'analyse de l'urine est la suivante : réaction acide, nubeculum peu dense au tiers inférieur du vase, densité 1025 à + 15°, urée 18 grammes 04, acide urique 0 gramme 46, ni albumine ni glucose, sous le microscope cristaux nombreux et réguliers d'acide urique et d'acide oxalique. — Prescriptions : eau minérale des Sources N° 1 et N° 2, un tiers de la première et deux tiers de la seconde ; hydrothérapie externe ; traitement énergique. Le 10 juillet, après la diurèse et la purgation habituelles et l'évacuation d'une grande quantité de sédiments, l'état général est meilleur, le caractère pensif et morose de M. V... est plus enjoué, l'appétit est bon, la digestion satisfaisante, tout fait espérer un prompt retour à la santé ; à l'analyse l'urine donne : urée 8 grammes 27, acide urique 2 grammes 23 p. °°/oo.

N. B. — Au dernier moment j'apprends que M. V... est enchanté de l'effet des Eaux de Martigny.

§ II. — CALCULS VÉSICAUX, PIERRE

Les calculs vésicaux, aliàs pierres vésicales, ne sont autres que de volumineux graviers descendus tout formés du rein ou ayant grossi dans la vessie. Leur volume peut varier depuis la grosseur d'une aveline jusqu'à celle d'un œuf d'autruche [1].

Les calculs phosphatiques sont de beaucoup les plus fréquents ; nous ne nous occuperons que d'eux seuls, nous contentant pour les autres variétés de pierre, urique et oxalique, très rare, d'ailleurs, de dire qu'ici comme partout, l'exception justifie la règle ; du reste, nous ne

---

[1] Observation d'Uytterhœven rapportée par Le Roy d'Étiolles. *Traité pratique de la gravelle et des calculs urinaires.*

nous plaçons qu'au point de vue du traitement de ces affections par les Eaux minérales de notre Station, et la diversité de composition des calculs ne peut faire varier nos conclusions.

Leur genèse est simple. Sous l'influence de complications intercurrentes à la diathèse qui nous occupe, telles que hypertrophie de la prostate, tuméfaction du col de la vessie, états morbides spéciaux où l'urine passe à l'état alcalin, la miction est incomplète [1]. « Dans ce cas, dit Brodie, la vessie est comme un vase de nuit qui n'est jamais complètement vidé *(the bladder is like a chamber-pot that is never washed out)*, les parties composantes de l'urine ont beaucoup de tendance à s'y déposer...... La muqueuse, alors, s'enflamme à la longue, ce qui est un symptôme secondaire, et le mucus qu'elle sécrète précipite le phosphate de chaux en petits amas semblables à du mortier *(in small mortar-like masses)* et chacun d'eux devient le noyau d'un calcul, » quand ce n'est pas un gravier d'acide urique ou d'acide oxalique qui remplit le même rôle [2].

Une pierre alors se forme autour de ce noyau et s'augmente progressivement plus ou moins vite, quelquefois très rapidement, de couches concentriques de phosphates, de carbonates, rarement d'urates précipités à l'état pulvérulent et intimement unis au moyen du mucus qui sert de matière agglutinative.

Voilà le calcul dans la vessie, accusant sa présence par des signes pathognomiques divers dont quelques-uns peuvent apparaître à la longue les uns après les autres, mais qui peuvent se résumer dans les suivants :

1° Douleur et chaleur derrière le pubis, démangeaisons quelquefois insupportables au bout de la verge, pesanteur au périnée à la fin de la miction (causée par le contact plus immédiat de la vessie avec la pierre sur laquelle en se contractant elle se blesse et s'irrite).

2° Envies fréquentes et pressantes d'uriner ; interruption brusque du jet produit par la pierre qui vient se placer sur l'orifice de la vessie ;

---

[1] Le mucus, puis le pus, qu'ils viennent des reins, des uretères ou de la vessie enflammés peu à peu, décomposent promptement l'urine lorsqu'elle est descendue dans le réservoir et surtout qu'elle y stationne, en transformant son urée en carbonate d'ammoniaque, de réaction alcaline; alors a lieu le précipité des phosphates calcaires et autres qui entrent dans la composition de l'urine saine.

[2] *Lectures on the diseases of the urinary organs.*

3° L'urine limpide d'abord, devient à la fin de l'émission rosée ou rougie de sang mêlé par stries à du mucus quelquefois à du pus.

Cette pierre sera-t-elle accessible à l'action dissolvante de l'eau ?

Son existence une fois constatée dans la vessie, quelle doit être la conduite du médecin de la station hydro-minérale ?

L'action des eaux sulfatées calciques, de celles de Martigny-les-Bains en particulier, est indéniable, mais de là à affirmer leur puissance dissolvante absolue, et surtout suffisante en pareil cas, il y a loin. Sous leur influence, le mucus agglutinatif se ramollit et se dissout, et la surface du calcul devient rugueuse par suite des érosions produites ; il peut se faire alors que, si le calcul est peu volumineux, la prostate et le col de la vessie à l'état normal, son évacuation ait lieu sans encombre ; mais s'il s'agit d'une pierre d'une grosseur que ne comporte pas l'ouverture uréthro-vésicale, les érosions, les lacunes de son pourtour « deviennent plutôt un obstacle qu'un encouragement à la continuation du traitement hydro-minéral, car les parois de la vessie se contractent plus énergiquement sur un corps plus dur, plus irrégulier et partant plus blessant [1] ».

Dans cette occurrence, le médecin éclairé, mis en éveil par le ténesme vésical devenu insupportable, s'il ne s'est pas déjà rendu compte de l'existence du *corpus delicti* par le catéthérisme, doit faire cesser le traitement hydro-minéral et conseiller la lithotritie ou la taille suivant le cas, sauf à recommander les eaux après l'opération. C'est alors qu'elles auront l'avantage de faire évacuer les particules de calcul qui pourront subsister dans la vessie après la lithotritie, comme elles le font pour un simple gravier ; de combattre efficacement une récidive, de débarrasser la vessie du catarrhe et de l'irritation qui persistent souvent après l'opération, de combattre enfin et de guérir les dyspepsies et gastralgies qui accompagnent presque toujours ces sortes d'affections.

Nous renvoyons le lecteur aux observations ci-après. Elles sont probantes pour les cas dont il s'agit précédemment, comme pour les faits qu'elles relatent, et dont la similitude avec ceux-là est complète, sinon la cause.

---

[1] Docteur BAUD, *Goutte et Gravelle*.

Salle a Manger du Grand Hotel de Martigny-les-Bains

Catarrhe de Vessie — Cystite — Hypertrophie de la Prostate.

Le catarrhe de la vessie, conséquence de la Cystite ou inflammation du même organe, est une affection caractérisée par la présence dans les urines de mucosités plus ou moins abondantes résultant soit d'une perversion des fonctions de la muqueuse vésicale, soit d'une inflammation symptomatique de cette membrane, soit d'une lésion spécifique profonde ou traumatique de l'organe lui-même.

Les causes en sont nombreuses : abus des liqueurs fermentescibles ou alcoolisées, immobilité dans la station assise, changements brusques de température du chaud au froid, usage immodéré des boissons diurétiques, injections irritantes dans les voies urinaires, excès vénériens, engorgement de la prostate, hypertrophie du même organe, irritation du col vésical empêchant la vessie de se vider complètement, présence de calculs, inflammation suite de lithotritie, dégénérescence cancéreuse, telles sont les plus communes.

Sous leur influence, la maladie étant abandonnée à elle-même, un affaiblissement graduel des forces s'observe chez le malade, la cachexie arrive lentement, progressivement pendant des mois, des années, à mesure que l'écoulement catarrhal devient plus purulent ; le marasme survient, et la mort.

Les phénomènes locaux sont les suivants, d'après Becquerel *(Séméiotique de l'urine)* : « l'urine dont la quantité est normale le plus souvent, a une densité variable en raison des quantités d'eau différentes que peut contenir le liquide ; la couleur en est pâle, l'odeur ammoniacale ; l'urine devient alcaline, et contient souvent une petite quantité d'albumine ; la transparence est troublée par une couche de mucus à dose et à qualité variables, et par les sédiments précipités à l'état de phosphates de chaux et ammoniaco-magnésiens, et de sous-carbonates de chaux et de magnésie. »

En général abondant le mucus est souvent louche, semi-opaque. Le microscope y fait découvrir constamment des globules muqueux ou muco-purulents ; l'urine devient visqueuse ; ce caractère est dû à la réaction du sous-carbonate d'ammoniaque sur le mucus ou le pus, ce sel provenant de la décomposition de l'urée ; il en résulte une espèce de savon qui donne sa viscosité au liquide qui le dissout.

L'étude des secrétions dans cette maladie est intéressante, car leurs diverses formes sont des indications précieuses pour le traitement.

Mercier *(Recherches sur le traitement des maladies des voies urinaires)* en admet quatre typiques :

1° La sécrétion muqueuse est visible seulement lorsque l'urine est refroidie, un nuage reste en suspension, et après vingt-quatre ou quarante-huit heures il est parsemé de petits points rouges qui sont de l'acide urique. Dans cet état l'urine est limpide en sortant.

2° La sécrétion puriforme trouble l'urine dès sa sortie ; le nuage épais contient des flocons qui se précipitent en quelques heures, souvent on voit encore des points rouges d'acide urique.

3° La sécrétion purulente appartient plus particulièrement à la désorganisation des reins, et altère la couleur de l'urine ; elle sort blanchâtre, et si on la place entre l'œil et la lumière on y voit flotter une foule de petites particules blanches, se précipitant vers le fond du vase. Le dépôt est blanc et compact; les particules qui le forment n'adhèrent pas entre elles, et il ne se dissout pas par la chaleur : l'urine neutre conserve quelquefois un faible degré d'acidité.

4° La sécrétion glaireuse dénote un état avancé de la maladie. Déjà une décomposition ammoniacale s'est opérée dans les organes, et on y y voit des stries de sang. Le microscope y montre des cristaux phosphatiques.

Faisons la part des conditions d'âge et de sexe : le catarrhe de la vessie, rare chez les femmes et les enfants, se rencontre plus souvent chez les adultes, il est fréquent chez les vieillards ; à moins d'exceptions qui ressortent de quelques-unes des causes énoncées ci-dessus, il se montre dès l'abord à l'état subaigu, offrant à l'examen chimique ce défaut d'activité et de réaction qui caractérise déjà le début de la chronicité.

Une médication tonique et excitante est tout indiquée, et les Eaux de Martigny-les-Bains ont ici une application heureuse, soit en agissant par leurs propriétés d'action sur la muqueuse vésicale pour en modifier la sécrétion et la sensibilité ; soit en ranimant la contractilité de la vessie elle-même, pour favoriser ainsi l'expulsion complète de l'urine et de ses dépôts qui suffisent souvent pour entretenir le catarrhe ; soit enfin en rendant la sécrétion urinaire moins concentrée et plus abondante, pour modérer l'excitation qu'elle produit sur des surfaces malades et irritées.

Les eaux en boisson, en bains, en douches surtout dans le cas d'hypertrophie prostatique, les lavages de la vessie à l'eau minérale froide ou tiédie avec la sonde à double courant forment à notre station la base du traitement, améliorent toujours, éteignent souvent cette maladie qui résiste aveec opiniâtreté aux efforts médicaux et qui récidive facilement.

Observation XI. — Dr *Buez*.

M. M..., de Darney, m'est adressé pour une hypertrophie de la prostate et une atonie de la vessie telle que l'organe ne peut se vider qu'au moyen de sonde. M. M... est très âgé (75 ans), d'une constitution chétive et sujet à des constipations opiniâtres.

J'ai beaucoup de peine à pénétrer dans la vessie, et j'en retire, en petite quantité, des urines boueuses et sanguinolentes.

Il paraît que le malade est tenu en éveil une grande partie de la nuit par des besoins d'uriner, mais qu'il ne peut les satisfaire qu'en se sondant lui-même, opération qu'il ne fait pas avec tous les ménagements voulus, car ces manœuvres ont déterminé une cystite du col vésical.

Je l'amène assez vite à boire une haute dose d'eau minérale, et je le soumets aux bains de siège à eau courante et à la douche ascendante, en un mot à une médication énergique. Bientôt, il s'opère une détente telle que, le douzième jour, nous laissions les sondes de côté ; la miction se faisait suffisamment et sans douleurs ; les urines s'étaient clarifiées et la constipation avait cédé.

Ce malade s'en fut chez lui, le quinzième jour, ne voulant ou ne pouvant faire qu'une demi-saison ; mais il emportait, d'après mes conseils, une bonne provision d'eau minérale.

Je ne le revis que deux ans après ; il m'apprit qu'il ne s'était pas sondé une fois, dans ce long intervalle, mais que ses urines étaient de nouveau glaireuses et odorantes.

J'eus raison très vite de ce catarrhe vésical.

Observation XII. — Dr *Buez*.

M. S..., employé supérieur de la Compagnie des Chemins de fer de l'Ouest, est atteint depuis longtemps d'hypertrophie de la prostate ; il vient fidèlement chaque année à Martigny. Dès les premiers jours, dit-il, une sorte de détente se produit vers le col de la vessie ; la mixtion devient immédiatement plus facile ; les besoins fréquents d'uriner cessent d'être douloureux et il ferme à deux tours sa boîte de sondes, d'après sa propre expression, bien avant la fin de la saison.

DIABÈTE, GLYCOSURIE

Le diabète est de toutes les maladies celle qui est le plus heureusement influencée par le traitement hydro-minéral, à la condition toutefois que le médecin, qui dirige la cure, prenne pour guide cette proposition de Durand-Fardel : « Le degré de glycosurie est le thermomètre de l'intensité de l'anomalie de la nutrition »; disons avec le docteur Monin que, par extension, il doit être aussi le thermomètre de l'intensité thérapeutique.

Avant d'employer dans ces quelques lignes, l'un pour l'autre, les deux termes *diabète* et *glycosurie* qui viendront peut-être souvent sous notre plume, nous devons, pour ceux de nos lecteurs qu'épouvantent toujours ces expressions, dire quelle est leur valeur respective.

Le diabète est un trouble fonctionnel trophique [1] intéressant l'organisme entier; la glycosurie en est un symptôme consistant en la présence dans l'urine de sucre semblable au sucre de raisin, appelé dextrogyre, par opposition à la dénomination de lœvogyre donnée au sucre de canne [2]. Produit morbide d'un excès de nutrition ou d'une insuffisance de combustion, ce glycose est sécrété pour la plus grande partie par le foie, ce grand fabricant de sucre de l'économie humaine que n'intéressent encore qu'indirectement les tarifs douaniers.

Versé par les veines hépatiques dans le torrent de la circulation, il arrive au poumon, où le contact de l'air opère sa combustion. Or, sous l'influence de causes peu connues encore, ce sucre en proportion trop considérable est par cela même incomplètement détruit par la respiration; il s'accumule alors dans tout l'organisme, jusqu'à ce qu'il s'échappe par ce grand émonctoire qui s'appelle le rein : de là *glycosurie*. Ce symptôme, dont la cause prochaine est, disons-nous, peu connue, se produit sous la dépendance de certaines causes occasionnelles, dont l'ensemble synthétisé n'est autre que la maladie générale, l'entité morbide désignée sous le nom de diabète. Parmi ces causes occasionnelles, la diathèse goutteuse a été signalée tout spécialement dans les travaux récents et les communications scientifiques intéres-

---

[1] Docteur MONIN, *Traitement du Diabète*.
[2] Ces qualifications indiquent des caractères spéciaux qui, à l'analyse, font distinguer l'une de l'autre ces deux sortes de sucre, grâce à leur pouvoir rotatoire moléculaire ou, en d'autres termes, à la déviation qu'ils impriment au plan de polarisation de la lumière.

santes de Cullen, Garrod, Debout d'Estrées, Martineau, Leven. C'est elle seule qui nous occupe ici, car c'est à elle seule et à la glycosurie goutteuse qu'elle engendre que nous opposons, en le préconisant, le traitement par les Eaux Minérales de Martigny-les-Bains, à titre de médication des symptômes, la seule profitable, à notre avis, dans le cas particulier. Nous restons en cela fidèle à ce principe que nous prenons pour guide de notre pratique aux Eaux : « *que plus une eau minérale guérit de maladies de causes et de nature différentes, moins elle a de spécificité, par conséquent de spécialisation, moins elle est recommandable.* »

Nos Eaux minérales alcalines, lithinées, ferrugineuses, empêchent la glycogénèse par leurs effets diurétiques, laxatifs et eupeptiques ; elles arrêtent la désassimilation organique par leurs propriétés toniques et reconstituantes ; elles activent enfin la combustion et l'élimination du glycose, par leurs principes oxydants et l'excitation cutanée qu'elles déterminent.

Sous leur influence, au bout de quelques jours de cure, la polyurie se régularise, puis diminue ; les mixtions se modifient, elles sont moins fréquentes la nuit et se rapprochent de l'heure des repas, c'est-à-dire qu'elles reprennent leur caractère normal. En même temps disparaissent la soif et la sécheresse de la bouche ; l'appétit devient plus régulier ; le malade perd peu à peu le dégoût qu'il avait pour les matières azotées. La glycosurie baisse sensiblement pour quelquefois disparaître.

Les observations suivantes prises dans un grand nombre d'autres prouveront suffisamment que nos Eaux minérales ne sont pas de simples palliatifs, mais que, corroborées par un régime hygiénique rationnel et rigoureux, elles sont des agents thérapeutiques efficaces.

Observation XIII. — *Personnelle.*

M. D..., d'Arras, âgé de 38 ans, arrive à Martigny le 12 juillet 1887 ; il pèse 103 kilos, a une taille au-dessus de la moyenne. Brasseur et agriculteur, il est le fils de parents goutteux, lui-même a de la gravelle rouge, il a une vie très active, quelquefois surmenée par le travail et les relations du monde. Depuis deux ans surtout il a pris un embonpoint rapide ; il éprouve des soifs intenses, mange beaucoup, urine autant, a de la sécheresse de la bouche et des lèvres qu'il a attribuée jusqu'ici à l'habitude de fumer. Examen : foie proéminent de 8 centimètres à gauche et en bas, aucune autre affection organique.

Analyse de l'urine : réaction fortement acide, densité 1036 à + 15°; urée 6 gr. 65 p. °°/oo, acide urique 1 gr. 78, pas d'albumine, sucre 55 gr. 90 par litre, au microscope cristaux d'acide urique, ni tubuli ni ferments.

J'ordonne le traitement par l'eau de la Source N° 1 à haute dose, de six verres à quatorze verres (dose maxima); l'hydrothérapie ; une hygiène et des exercices corporels méthodiques et rigoureux auxquels M. D... se prête de la meilleure grâce.

Dix jours après, le 22 juillet, l'analyse de l'urine dosait le sucre à 24 gr. 50 ; la soif était redevenue normale, la bouche avait perdu sa sécheresse. Le 5 août, M. D... quittait la station avec 8 grammes 30 de glycose emportant une bonne provision d'Eau minérale.

Les nouvelles que j'ai reçues de ce malade sont des plus satisfaisantes : une analyse faite par le pharmacien de sa localité donnait en novembre 1 gr. 63 de sucre, après absorption de 25 bouteilles d'Eau de la Source N° 1.

Observation XV. — *Personnelle.*

M. S.... curé de C..., âgé de 50 ans, obèse, apoplectique, goutteux par hérédité de sa mère, pesant 87 kilogs, arrive à Martigny le 28 juin 1887. Il est affecté de rhumatisme goutteux, maladie pour le traitement de laquelle il prend les Eaux de Contrexéville depuis 10 ans. M. S... a un appétit des plus variables, tantôt ne peut pas voir la viande, tantôt ne supporte pas les aliments végétaux ; après le repas, il a des éructations acides très pénibles ; la bouche est sèche, l'urine abondante. Le malade éprouve des démangeaisons préputiales fort ennuyeuses. A l'examen je ne reconnais aucune affection organique.

L'analyse de l'urine avant traitement est la suivante : Réaction acide, densité 1028 à + 15°; albumine 0, Glycose 7 gr. 225 — Urée 14 grammes 40, acide urique 0,80. Sous le microscope, épithélium de l'urèthre, quelques cellules du rein, cristaux d'urate de soude et d'acide urique.

Sous l'influence du traitement hydro-minéral intus et extra, M. S... voit son état s'amender rapidement ; la soif diminuer, l'appétit devenir régulier et tous les symptômes morbides rentrer peu à peu dans l'ordre. Le 16 juillet, une nouvelle analyse de l'urine confirmait ces heureux résultats : densité 1021, glycose 1 gr. 82, urée 17,30, acide urique 0,74.

Le malade quittait la station le 18 juillet dans un état d'amélioration notable.

ALBUMINURIE, MALADIES DE LA PEAU

L'Albuminurie, comme la glycosurie, est un symptôme commun à diverses maladies qui se traduisent par la présence de l'albumine dans les urines et qui affectent plus spécialement le rein.

S'il s'agit de néphrite calculeuse, interstitielle ou goutteuse, cette maladie rentre au point de vue du traitement dans les diverses catégories d'affections décrites précédemment sous les rubriques *goutte*, *calculs*, *catarrhe*, nous y renvoyons nos lecteurs. Si, d'un autre côté, l'existence de l'albumine s'ajoute aux autres symptômes du mal de Bright, les Eaux minérales de Martigny sont aussi impuissantes à combattre cette maladie que toutes les autres Eaux du monde ; toutefois, le séjour à notre station hydro-minérale pourra toujours être conseillé avec chance d'amélioration dans l'état général, mais ce ne sera jamais qu'à titre de dérivatif hygiénique et surtout moral.

Suivant toujours notre même ordre d'idées, nous ne citerons parmi les dermatoses pouvant être améliorées ou guéries par nos Eaux minérales que celles qui ont un rapport immédiat avec la diathèse goutteuse, et qui, comme la goutte elle-même, peuvent être modifiées heureusement par l'usage de l'eau en boisson et en pulvérisations locales. Telles sont certains eczémas nummulaires, l'acné rosacée, l'acné érythémateuse, vulgò couperose de la face, auxquels on appliquera sûrement à Martigny l'axiome hypocratique : *sulbatà causà, tollitur effectus*.

Nous ne pouvons encore fournir d'observations à ce sujet, les cas de manifestations goutteuses cutanées étant peu fréquents à notre station ou ne se présentant à l'examen médical qu'incidemment. Dès la saison prochaine, des appareils à pulvérisations seront mis à la disposition des malades qui en éprouveront le besoin ; nous espérons, en suivant avec attention les effets produits par cette médication fort connue et très ordonnée du reste, mais qui dans nos stations de l'Est a tout l'attrait du nouveau, pouvoir réunir prochainement un nombre de cas suffisants pour une étude nouvelle et concluante sur ce point spécial.

CONCLUSIONS

Il résulte de ce travail que les Eaux Minérales de Martigny-les-Bains (Vosges) sont d'une efficacité incontestable dans toutes les maladies, quelque variées qu'elles paraissent de prime abord, qui ont pour cause primordiale la DIATHÈSE GOUTTEUSE :

1° Goutte chronique, tonique et atonique ; diabète goutteux ;
2° Toutes les gravelles urinaires : urique, oxalique, phosphatique ; coliques néphrétiques, pyélite, pyélo-néphrite calculeuse ;
3° Atonie et catarrhe de vessie, prostatite subaigüe et chronique ;
4° Dyspepsie, gastralgie ;
5° Rétrécissements uréthraux dilatables ; uréthrite chronique ;
6° Débilité générale symptomatique ;
7° Dermatoses goutteuses.

« Si elles ne sont point un remède infaillible dans tous les cas, dit Alibert des *Eaux Minérales*, elles consolent du moins toujours ceux qui en usent et arrêtent pour quelque temps la marche des maladies chroniques. » Nous ajoutons à cette citation du maître que pour nos Eaux de Martigny en particulier cet aphorisme est d'autant plus vérifié qu'elles ont une spécificité plus marquée. Le but que nous nous sommes donné en produisant les diverses observations cliniques relatées plus haut, et que nous espérons avoir atteint, a été précisément de bien définir leur sphère d'action. Toutefois, nous savons que notre travail reste incomplet ; et quelque difficile qu'il soit dans une station thermale de recueillir des faits cliniques aussi détaillés qu'on le désirerait, nous continuerons à en apporter de nouveaux aussi nombreux que possible à l'appui de notre thèse, en fidèle adepte du précepte : *ars tota in observationibus.*

VUE A VOL D'OISEAU DE L'ÉTABLISSEMENT DE MARTIGNY-LES-BAINS

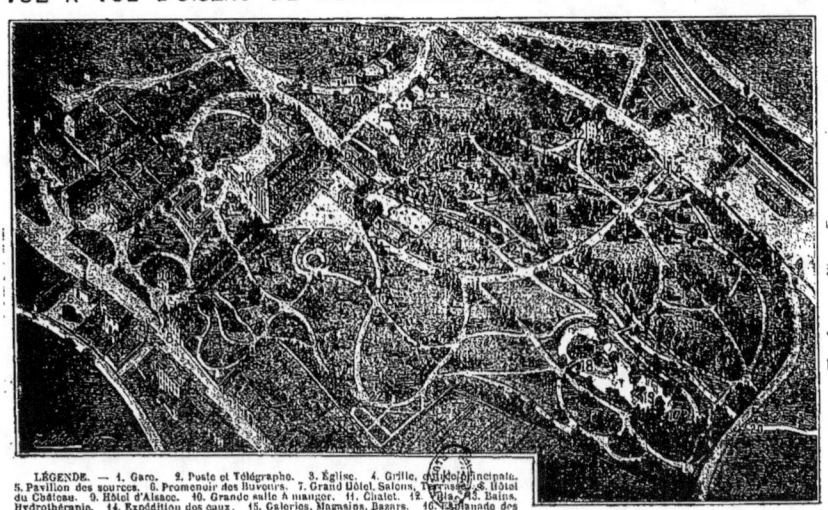

LÉGENDE. — 1. Gare. 2. Poste et Télégraphe. 3. Église. 4. Grille d'Entrée principale. 5. Pavillon des sources. 6. Promenoir des Buveurs. 7. Grand Hôtel, Salons, Terrasses. 8. Hôtel du Château. 9. Hôtel d'Alsace. 10. Grande salle à manger. 11. Chalet. 12. Villas. 13. Bains, Hydrothérapie. 14. Expédition des eaux. 15. Galeries, Magasins, Bazars. 16. Esplanade des jeux avec Baillier. 17. La Savonneuse. 18. Ile du Kiosque. 19. Ile des Cygnes. 20. Ruisseau de l'Aulne. 21. Cascades. 22. Belvédère. 23. Glacière. 24. Jardinier-Chef. 25. Serres. 26. Usine à Gaz. 27. Chevaux et Voitures.

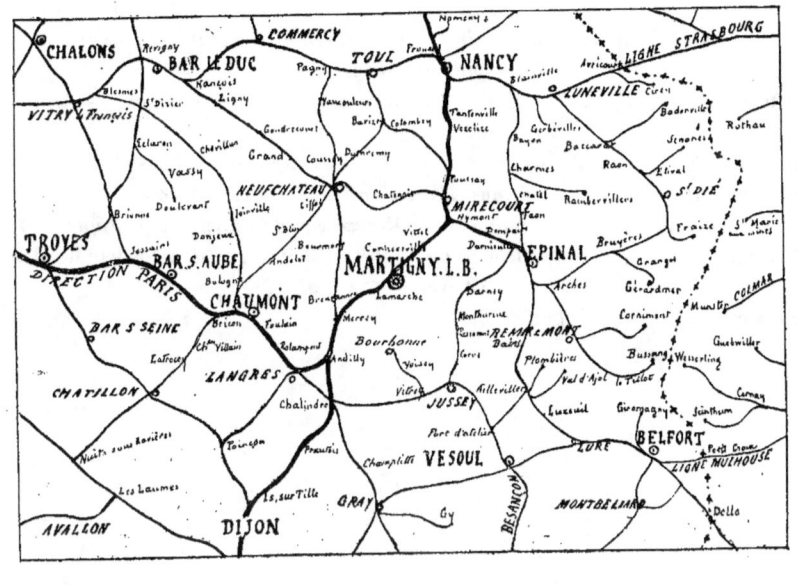

BIBLIOGRAPHIE

—

Professeur Jacquemin. *Analyse des Eaux Minérales de Martigny-les-Bains.* — Paris, Masson, 1872.
D' Buez . . . . *Les Eaux Minérales de Martigny-les-Bains.* — Paris, Masson, 1872.
Patissier . . . . . . *Dictionnaire des Eaux Minérales.* — Paris, 1847.
D' Constantin James . *Guide aux Eaux minérales.* — 12° Édition.
D' Jaccoud . . . . . *Dictionnaire de Médecine et de Chirurgie pratique.*
D' Monin . . . . . . *Traitement du Diabète.* (Couronné par la Société de Médecine d'Anvers. — *Annales.*
Charton . . . . . . *Les Vosges.*

TABLE DES MATIÈRES

	PAGES
Climatologie	3
Les Sources. — Analyses	4
Analyse comparative de l'Eau de Martigny et des Eaux similaires	8
Les Bains. — Douches, Massages, Pulvérisations	9
Effets physiologiques des Eaux de Martigny	10
La cure hydro-minérale	13
Aperçu clinique sur les maladies traitées aux Eaux de Martigny-l-B. — Goutte	16
Observations	20
Lithiase urinaire. — § I. Gravelle	26
Observations	27
§ II. Calculs vésicaux, Pierre	30
Catarrhe de vessie. — Cystite. — Hypertrophie de la prostate	33
Observations	35
Diabète. — Glycosurie	36
Observations	37
Albuminerie. — Maladies de la peau	39
Conclusions	40
Bibliographie	41
Position géographique de Martigny-les-Bains	42

www.ingramcontent.com/pod-product-compliance
Lightning Source LLC
LaVergne TN
LVHW020052090426
835510LV00040B/1672